www.ingramcontent.com/pod-product-compliance
Lightning Source LLC
Chambersburg PA
CBHW080022130526
44591CB00036B/2579
9781951792480